essentials

Springer Essentials sind innovative Bücher, die das Wissen von Springer DE in kompaktester Form anhand kleiner, komprimierter Wissensbausteine zur Darstellung bringen. Damit sind sie besonders für die Nutzung auf modernen Tablet-PCs und eBook-Readern geeignet. In der Reihe erscheinen sowohl Originalarbeiten wie auch aktualisierte und hinsichtlich der Textmenge genauestens konzentrierte Bearbeitungen von Texten, die in maßgeblichen, allerdings auch wesentlich umfangreicheren Werken des Springer Verlags an anderer Stelle erscheinen. Die Leser bekommen „self-contained knowledge" in destillierter Form: Die Essenz dessen, worauf es als „State-of-the-Art" in der Praxis und/oder aktueller Fachdiskussion ankommt.

Marc Feiler · Ulrich Kirstein

Mittelstandsanleihen – ein Erfolgsmodell für alle Parteien

Marc Feiler
Bayerische Börse AG
München
Deutschland

Ulrich Kirstein
Bayerische Börse AG
München
Deutschland

ISSN 2197-6708
ISBN 978-3-658-04525-8
DOI 10.1007/978-3-658-04526-5

ISSN 2197-6716 (electronic)
ISBN 978-3-658-04526-5 (eBook)

Die Deutsche Nationalbibliothek verzeichnet diese Publikation in der Deutschen Natio-
nalbibliografie; detaillierte bibliografische Daten sind im Internet über http://dnb.d-nb.de
abrufbar.

Springer Gabler
© Springer Fachmedien Wiesbaden 2014

Gedruckt auf säurefreiem und chlorfrei gebleichtem Papier

Springer Gabler ist eine Marke von Springer DE. Springer DE ist Teil der Fachverlagsgruppe
Springer Science+Business Media
www.springer-gabler.de

Vorwort

Dieser Beitrag ist die erweiterte und aktualisierte Version eines Kapitels aus dem „Praxishandbuch Debt Relations", das im Juni 2013 im Verlag Springer Gabler erschienen ist. Hier wurden auf fast 700 Seiten von 60 Autoren in 45 Kapiteln die nicht immer unkomplizierten Beziehungen und Kommunikationswege zwischen Unternehmen und Fremdkapitalgebern beleuchtet. Das Buch überzeugt durch die Summe der vielen, von den jeweiligen Spezialisten analysierten Einzelaspekte. In diesem Band der neuen Reihe Springer Essentials haben die Autoren die noch immer relativ neue Möglichkeit der „Mittelstandsanleihe" grundlegend behandelt und dabei die Sicht aller Parteien – Emittenten, Anleger und Börse – gleichermaßen versucht darzustellen. Da das Begeben einer Anleihe auch hohe Anforderungen an die Kommunikation richtet, kam es zu unserer Doppelautorschaft. Unserer Ansicht nach wird sich das Modell dieser zusätzlichen Finanzierungsmöglichkeit für den Mittelstand und Investitionschance für den Anleger weiter etablieren, auch wenn es einige Kinderkrankheiten zu bewältigen gilt.

So war es eine bewusste Entscheidung, das Fragezeichen hinter dem Erfolgsmodell in der Überschrift wegzulassen. Selbstverständlich werden Anleger, deren Anleihen-Emittent in die Insolvenz geraten ist, oder Emittenten, die weniger platziert haben als benötigt, eine etwas andere Einschätzung an den Tag legen. Aber die Mittelstandsanleihe ist als Produktgattung tatsächlich ein Erfolgsmodell, auch wenn sie sich vielleicht in Teilen noch in einem Reifeprozess befindet. Es ist ganz sicher kein Zufall, dass dieses Erfolgsmodell nach der Finanzkrise entstanden ist und sich in einer durchaus schwierigen Zeit auf den Kapitalmärkten durchgesetzt hat. Aus welchem Grund sind Mittelstandsanleihen eigentlich entstanden, wie haben die Börsen und hier exemplarisch die Börse München im Besonderen reagiert und wie entwickeln sich die Kurse der Anleihen an den Börsen? Das sind die Themen, die hier behandelt werden sollen.

München
im November 2013

Marc Feiler und Ulrich Kirstein

Inhaltsverzeichnis

Warum sind Mittelstandsanleihen überhaupt entstanden?

Um in wirtschaftlich unsicheren Zeiten schnell und flexibel reagieren zu können, benötigen Unternehmen vor allem ausreichende finanzielle Mittel. Allerdings ist das Eigenkapital gerade in mittelständischen deutschen Unternehmen eher knapp, die durchschnittliche Eigenkapitalquote bewegt sich bei etwa einem Drittel. Zusätzlich werden einige Finanzierungsmöglichkeiten inzwischen deutlich kritischer gesehen (etwa Mezzanine-Kapital) beziehungsweise sind für Mittelständler nur noch schwerer zu erhalten (Bankkredite). Deshalb suchten die Unternehmen nach neuen, oder besser gesagt für sie neuen Finanzierungskanälen. Auf der anderen Seite interessieren sich Anleger, verunsichert durch stark volatile Aktienkurse, annähernd zinslose Spareinlagen oder „sichere" Staatsanleihen für geeignete, renditestarke Anlagemöglichkeiten mit relativ überschaubarem Risiko jenseits klammer Euro-Staaten. Das war die Geburtsstunde der Mittelstandsanleihen, die das Bedürfnis der Unternehmen mit dem der Privatanleger zusammenführte. Das Motto war: Was großen, kapitalmarktaffinen Gesellschaften mit Hilfe von institutionellen Investoren gelingt, müsste mittelständischen Unternehmen durch die Einbeziehung privater Kapitalgeber ebenfalls möglich sein. Allerdings gab es Einzelfälle von kleineren Anleihen schon viele Jahre früher, die dann aber überwiegend über den Grauen Kapitalmarkt per Eigenemission und nicht über den öffentlichen Kapitalmarkt durchgeführt wurden.

1.1 Der Bedarf auf Seiten der Unternehmen

Traditionell ist das wichtigste Mittel der Fremdkapitalbeschaffung bei mittelständischen Unternehmen nach wie vor der Bankkredit. Börsennotierte Großunternehmen haben ihre Verbindlichkeiten jedoch längst auf ein sehr viel breiteres

M. Feiler, U. Kirstein, *Mittelstandsanleihen – ein Erfolgsmodell für alle Parteien*, essentials, DOI 10.1007/978-3-658-04526-5_1, © Springer Fachmedien Wiesbaden 2014

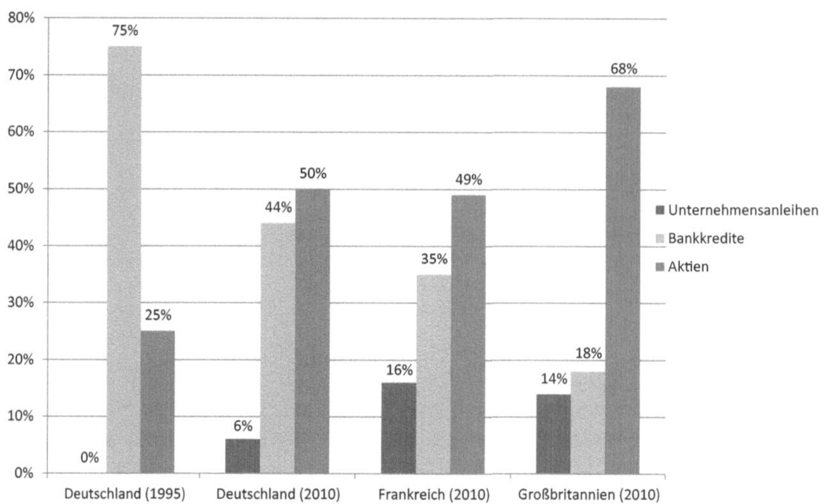

Abb. 1.1 Kapitalmarktorientierung mittelständischer Unternehmen, Commerzbank, DAI und Deutsche Börse

Fundament gestellt. So führte als ein Beispiel die MAN SE ihren Anteil syndizierter Kredite von 43 % im Jahr 2007 auf nunmehr null zurück und ihre Bankdarlehen im gleichen Zeitraum von 17 auf 9 %. Im Gegenzug legte der Anteil bei den Anleihen von 13 auf 51 % der Verbindlichkeiten zu. Dagegen setzen viele Mittelständler noch auf das Hausbankprinzip mit dem Kredit als Alleinheilmittel. Allerdings ist hier in den vergangenen fünfzehn Jahren eine deutliche Verschiebung weg vom Bankkredit und hin zu Anleihen beziehungsweise Eigenkapital über die Börse zu beobachten (vgl. Abb. 1.1).

Relativ neu ist jedoch, dass sich die mittelständischen Unternehmen der Problematik einer schwierigen Kapitalbeschaffung sehr wohl bewusst sind. Eine Untersuchung der Commerzbank unter 4000 mittelständischen Unternehmen[1] ergab, dass als Folge von Basel III immerhin 77 % davon ausgehen, dass sich die Kreditkonditionen verschlechtern, und sogar 80 % sind der Meinung, dass der Kreditzugang dadurch erschwert wird. Gleichzeitig glauben 65 %, dass ohne Schulden notwendige Investitionen nicht realisiert werden können. Tatsächlich werden die Maßgaben von Basel III die Kreditvergabe in naher Zukunft einschränken und – je nach Bonität des Unternehmens – für viele zumindest verteuern. Die Unternehmen geraten

---

[1] Vgl.: Gute Schulden, schlechte Schulden: Unternehmertum in unsicheren Zeiten. Hrsg. von der Commerzbank, durchgeführt von TNS Infratest, Frankfurt 2012.

also zwangsläufig in das Dilemma, Schulden machen zu müssen, um zu investieren, die nötigen Fremdmittel aber nicht mehr durch einen Bankkredit zu bekommen.

Die Folge ist, dass – ebenfalls von der Commerzbank erfragt – 53 % der mittelständischen Unternehmen ihre Finanzierungsstruktur überdenken, weil sie ihrer Ansicht nach optimiert werden kann oder muss. Neben den selbstverständlich an erster Stelle genannten Finanzierungskosten nennen die Unternehmen als Gründe hier vor allem mehr Flexibilität, eine höhere Planungssicherheit und mehr Entscheidungsfreiheit. Zu einem ähnlichen Ergebnis kommt eine Studie der Unternehmensberatung Deloitte: Mehr als die Hälfte der Mittelständler hält eine Finanzierung über den Kapitalmarkt für eine attraktive Alternative, nicht zuletzt, weil sie davon ausgehen, dass sich in den nächsten drei Jahren die Konditionen bei den Banken deutlich verschlechtern[2].

Aber auch Unternehmen, die jenseits des Bankkredits bereits auf alternative Finanzierungsformen gesetzt haben, bekommen zunehmend Probleme, weil beispielsweise Mezzanine-Finanzierungen oder Schuldscheine in den nächsten Jahren auslaufen und sich daher die Frage der Anschlussfinanzierung stellt.

Wichtiges Kriterium gerade auch für Mittelständler, die noch nicht an der Börse notiert sind, ist die Unabhängigkeit, die sie mit Anleihen für sich gewahrt sehen. Die Eigentümerstruktur bleibt im Gegensatz zu einem Börsengang erhalten.

Zusätzlich verbessern sie die Kreditwürdigkeit der Unternehmen – nicht zuletzt etwa durch das in Auftrag gegebene Rating –, so dass die Instrumente Unternehmensanleihe und Bankkredit sich eher ergänzen als kannibalisieren. Eine erfolgreich begebene Anleihe stärkt auf jeden Fall die Verhandlungsposition des Unternehmens gegenüber der Bank – und macht es gleichzeitig für die Bank interessanter. Für die Banken scheint sich die hohe Zahl an Anleihenemissionen überhaupt zu rechnen: Insgesamt haben Banken im ersten Quartal 2012 immerhin 41 % ihrer Gebühren im Kapitalmarktgeschäft im Anleihensektor verdient – ein Rekordwert, der die entgangenen Zinsen per Kredite kompensieren dürfte.[3] Auch wenn hier nicht ausschließlich von Mittelstandsanleihen die Rede ist und die hohe Prozentzahl auch damit begründet werden kann, dass das Kapitalmarktgeschäft mit Börsengängen fast zum Erliegen gekommen ist, dürfte der Anteil auch aktuell in diesem Bereich liegen.

Alles in allem müssen auch mittelständische Unternehmen schon unter Gesichtspunkten des Risk-Managements die Passivseite möglichst breit diversifizieren,

---

[2] Vgl. Mittelstandsfinanzierung: Börse statt Bank. Eine gemeinsame Studie von *Deloitte und der FH* Münster, Dezember 2011.

[3] Vgl. Tim Bartz: Zeitenwende für Investmentbanken. Handel mit Anleihen gewinnt an Bedeutung, in: Financial Times Deutschland, 2. April 2012, S. 15.

um eine maximale Flexibilität zu erhalten. Unterschiedliche Laufzeiten der Verbindlichkeiten sind dabei genauso wichtig wie das Vermeiden von Abhängigkeiten etwa gegenüber nur einer Bank oder Klumpenrisiken einer Finanzierungsform. Alle Erfahrungswerte haben im Übrigen gezeigt, dass die Zeichner einer ersten Anleihe bei Folgeemissionen eher mehr als weniger kaufen, das Begeben einer Anleihe ist, ähnlich wie ein Börsengang mit folgenden Kapitalerhöhungen, also alles andere als eine Einbahnstraße für Unternehmen.

Mit Mittelstandsanleihen können Unternehmen jedoch nicht nur Finanzierungslücken schließen, sie setzen diese darüber hinaus auch ganz gezielt als Marketing- und Kundenbindungs-Instrument ein. Kunden, die in das Unternehmen mittels einer Anleihe investiert haben, werden ihm besonders treu bleiben und umgekehrt können treue Kunden eher von einer Investition in das Unternehmen über eine Anleihe überzeugt werden. Die Kommunikation, die vor und während der Zeichnung stattfindet, öffnet vielen Unternehmen die Türe in Medien, die sich zuvor nicht für sie interessiert hätten. Ähnlich wie ein Börsengang zum verbesserten Image einer Kapitalgesellschaft beiträgt, dürfte eine erfolgreiche Anleiheemission imagebildend wirken. Gerade für Unternehmen mit einem ausgeprägten B2C-Geschäft kann dieser kommunikative Aspekt einer Anleihe eine wichtige zusätzliche Rolle einnehmen.

Die Vorteile der Mittelstandsanleihe können stichpunktartig wie folgt zusammengefasst werden:

- Unabhängigkeit von Banken oder Eigenkapitalgebern
- Relativ schnelle Durchführung (innerhalb von etwa drei bis vier Monaten)
- Zusätzlich als ein Mittel der Kundenbindung einsetzbar
- Interesse von Presse und Öffentlichkeit am Unternehmen nimmt zu
- Beziehungen zum Kapitalmarkt, zu Investoren können aufgebaut und später genutzt werden (weitere Anleihe, Börsengang, Kapitalerhöhungen)
- Vorzeitiger Rückkauf ist möglich
- Es besteht keine direkte Zweckbindung
- Covenants sind nicht notwendig, können aber Teil einer Platzierungsstrategie sein
- Eine Besicherung muss nicht erfolgen, kann aber zum Erfolg mit beitragen

Dabei gilt es auch die besonderen Herausforderungen zu beachten:

- Professionelle Finanzkommunikation und Investor Relations müssen aufgebaut und gepflegt werden
- Auswahl des passenden Emissionsbegleiters muss getroffen werden

- Ausreichender und stabiler Cashflow ist notwendig, um die Zinsen und später die Tilgung bedienen zu können
- Das Volumen kann niedriger ausfallen als erwartet
- Die Kosten liegen mit etwa 6 % des Platzierungsvolumens relativ hoch
- Die negativen Wirkungen auf das Image infolge von Zahlungsverzögerungen oder -einstellungen sind wegen des gesteigerten Medieninteresses hoch

1.2 Die Bedürfnisse der Anleger

Die Zinsen für fest angelegtes Geld sind derzeit minimal und aufgrund der anhaltenden Staatsschuldenkrise steht zu befürchten, dass sich daran mittelfristig wenig ändern wird. Doch auch Staatsanleihen bringen dem Anleger kaum Zinserträge. So gab es 1995 noch immerhin 7 % auf eine 10jährige deutsche Staatsanleihe – jetzt muss sich ein Anleger mit etwa einem Prozent zufrieden geben. Staatsanleihen mit hoher Verzinsung hingegen bergen gerade für den Privatanleger kaum einschätzbare Risiken, wie der Fall Griechenland mit seinem Haircut bewies. Die Aktienmärkte sind volatil wie selten und führen zu einer zusätzlichen Verunsicherung. In dieser Situation suchen Anleger Produkte, die eine hohe Rendite mit einem vertretbaren Risikoprofil verknüpfen. Mittelstandsanleihen bieten sich hier als Beimischung im Depot an.

Allerdings gilt für Mittelstandsanleihen das Gleiche wie für ein Investment in eine Einzelaktie: eine genaue Analyse des Unternehmens, des Geschäftsmodells und der Zukunftsaussichten ist erforderlich. Doch aller Erfahrung nach lesen 99 % der Privatanleger die von den Unternehmen pflichtgemäß erstellten und von der BaFin geprüften Wertpapierprospekte nicht, so eine Schätzung der Schutzgemeinschaft der Kapitalanleger. Eine jüngere Studie von Deloitte im Auftrag der Börse Stuttgart kommt unter Einbeziehung professioneller Anleger zu dem Ergebnis, dass 70 % der Anleger den Prospekt als Informationsquelle nutzen – er sei damit nach direkten Informationen von den Börsenplätzen die wichtigste Quelle[4]. Die Wahrheit dürfte in der Mitte liegen und vor allem sagen die Zahlen wenig darüber aus, wie intensiv der Prospekt tatsächlich studiert wird. Als Motive für den Erwerb von Mittelstandsanleihen nennen die Anleger – Privatanleger wie Institutionelle gleichermaßen – Renditeverbesserung, regelmäßige Erträge und eine Reduzierung beziehungsweise Diversifikation des Risikos.

---

[4] Mittelstandsanleihen – Eine echte Alternative? Eine Studie der FH Münster, der Börse Stuttgart und Deloitte, 2012, Abb. 13: Informationsquellen privater Anleger für Anlageentscheidungen in Mittelstandsanleihen, S. 16.

Allerdings lässt sich beobachten, dass bei den Zeichnern von Anleihen eine Verschiebung von Privatanlegern hin zu institutionellen Anlegern erfolgt, ein Prozess, der durch die ersten Zahlungsausfälle von Anleihen sicher noch beschleunigt werden wird. Während nach Marktstudien rund 60 % der deutschen Mittelstandsanleihen von Privatkunden gezeichnet werden und nur 25 % von Family Offices und weniger als 15 % von institutionellen Investoren[5], nimmt das Interesse von Privatanlegern – das zeigten schon die Anleihenemissionen im zweiten Quartal 2013, zunehmend ab. Dieser Prozess wird eine weitere Professionalisierung der Anleihebedinungen nach sich ziehen – doch dazu später mehr.

Für Anleger ist im Einzelnen bei den Mittelstandsanleihen folgendes zu beachten:

Vorteile von Anleihen für Anleger:

- Feste Verzinsung zu deutlich höheren Konditionen als bei Festgeld
- Die Erträge fließen zu vorher genau festgelegten Zeitpunkten
- Trotz fester Verzinsung jederzeit handelbar
- Chance von Kursgewinnen sind möglich

Risiken für Anleger:

- Überzeichnung während der Zeichnungsfrist und vorzeitige Beendigung der Zeichnung ist möglich, es gilt grundsätzlich first come, first serve
- Emittentenrisiko: bei Insolvenz des Unternehmens geht der Anleger meist leer oder mit deutlichen Abschlägen aus – immerhin liegt die Ausfallquote derzeit bei etwa 5 %!
- Vorzeitige Kündigung der Anleihe durch den Emittenten ist unter bestimmten Umständen ebenfalls möglich

1.3   Die Reaktion(en) der Börsen

Auf die Nachfrage von Seiten der Unternehmen reagierten die Börsen schnell und gerade die kleineren deutschen Börsenplätze bewiesen einmal mehr, dass sie sich flexibel auf die Bedürfnisse ihrer Zielgruppen einstellen können. So entwickelten die Börsen innerhalb des Freiverkehrs eigene Segmente für Mittelstandsanleihen.

---

[5] Rüdiger Holzhammer und Michael Neisis: Mittelstandsanleihenmarkt bedarf der weiteren Professionalisierung, in: Börsen-Zeitung, Ausgabe 90, 14.05.2013, S. 19.

Der Freiverkehr wird von den Börsen selbst organisiert und reguliert, nicht von staatlichen Stellen.

Bereits im Mai 2010 meldete so die Börse Stuttgart per Presseerklärung die Gründung eines neuen Segments für Mittelstandsanleihen, genannt bondm. Eine erste Anleihe kündigte der Automobilzulieferer Dürr AG in bondm an. Dürr begab dann im September 2010 eine aufsehenerregende Anleihe mit einem Volumen von 225 Mio. € und einem Kupon von 7,25 %. Als Besonderheit schließt bondm der Börse Stuttgart Immobilien- und Finanzwerte aus und legt den Fokus auf „industrienahe" Unternehmen. Von Anfang an konnte die Stuttgarter Börse über ihr Tochterunternehmen Euwax eine „Zeichnungsbox" anbieten mit allen Informationen zur Anleihe im Web.

Im Dezember 2010 zog die Börse in Frankfurt nach mit der Möglichkeit, Mittelstandsanleihen im Freiverkehr (Entry Standard) zu emittieren. Die Börse Frankfurt verlangt für eine Notiz im Entry Standard zwingend ein Emittentenrating, gibt aber kein Mindestrating vor. Darüber hinaus werden Angaben zu Unternehmenskennzahlen zur Kapitaldeckung, Verschuldung und Kapitalstruktur verlangt und Nachrang-Anleihen ausgeschlossen. Verpflichtend sind außerdem beispielsweise Folgeratings über die gesamte Laufzeit sowie jeweils aktuelle Unternehmenskennzahlen.

Im Oktober 2012 lancierte die Börse Frankfurt noch den Prime Standard für Mittelstandsanleihen ab 100 Mio. € Emissionsvolumen. Dieses Segment richtet sich vor allem an größere börsen- und nicht börsennotierte Unternehmen. Der Anlegerkreis setzt sich daher ganz überwiegend, aber nicht ausschließlich aus institutionellen Investoren zusammen. Im Prinzip verbindet dieser Sektor professionelle Emittenten im Primärmarkt mit Privatanlegern im Sekundärmarkt. Die jüngste Anleihe von August 2013 brachte es auf ein Emissionsvolumen von 1 Mrd. €, ausgegeben vom Energiekonzern RWE.

Etwa gleichzeitig mit m:access der Börse München im Spätherbst 2010 entstand in Düsseldorf der mittelstandsmarkt. Die Börse Düsseldorf gewährt den Einstieg in das Segment bereits bei einem Anleihevolumen von 10 Mio. €. Einen Liquiditätsprovider, wie an anderen Börsenplätzen, sieht Düsseldorf nicht vor.

Als einzige Börse wies München bereits seit 2005 ein eigenes Qualitätssegment für mittelständische Unternehmen aus, das zunächst aber rein auf Eigenkapital ausgerichtet war. Erst etwa ein halbes Jahr später zog hier die Börse Frankfurt mit Einführung des Entry Standard nach. 2011 erweiterte die Börse München dieses Segment um die Möglichkeit, Anleihen herauszugeben, inzwischen auch mit einer eigenen Zeichnungsfunktionalität für die Privatanleger, die somit vor dem Beginn des Handels die Möglichkeit erhielten, über ihre Bank direkt Anleihen zum Nominalbetrag zu erwerben. Genauso wie Unternehmen nach dem IPO müssen

Emittenten nach dem IBO bei m:access bonds sich einmal im Jahr auf einer Analystenkonferenz präsentieren. Auch bei der Börse München können Anleihen ab einem Volumen von 10 Mio. € starten, ein Emittenten- oder Anleihenrating ist verpflichtend, außerdem muss das Unternehmen älter als drei Jahre bestehen.

Die Börsen Hamburg/Hannover zogen mit ihrer Mittelstandsbörse schließlich nach, die sich in Sachen Vorgaben und Regulierungen in Zurückhaltung übt und beispielsweise keine Vorgaben bei der Stückelung – alle anderen Börsenplätze sehen eine Mindeststückelung von maximal 1.000 € vor –, oder beim Emissionsvolumen gibt. Auch das Rating ist optional.

Alle Börsen (mit Ausnahme des Prime Standard Bereichs der Deutschen Börse) handeln die Mittelstandsanleihen im Freiverkehr. Die Zulassungsvoraussetzungen der Börsen sind unterschiedlich ausgestaltet. Den Zwiespalt zwischen einer maximalen Aufklärung für potenzielle Anleger und einem praxisorientierten und kostengünstigen Aufwand für die Emittenten lösen die einzelnen Börsenplätze dabei unterschiedlich, wobei die Unterschiede im Laufe der Zeit eher geringer als größer wurden. So wurde beispielsweise die Anforderung von bestimmten Mindestratings, die einige Börsenplätze zu Beginn noch aufstellten, inzwischen gestrichen.

Die Börsen können trotz aller regulatorischer Voraussetzungen und Folgepflichten jedoch nicht verhindern, dass einzelne Unternehmen auch in wirtschaftliche Schieflage oder gar Insolvenz geraten können. Dieses unternehmerische Risiko besteht im Wirtschaftsleben allgemein und auch an der Börse. Eine genaue Analyse des Unternehmens muss daher jeder Investitionsentscheidung vorausgehen.

Die Erfolgskriterien einer Mittelstandsanleihe

Der Erfolg einer Mittelstandsanleihe hängt von einer ganzen Reihe von korrespondierenden Faktoren ab. Welche Ziele verfolgt das Unternehmen mit der Anleihe? Einen wie starken Namen hat sich das Unternehmen in der Öffentlichkeit verschafft? Wie viel Kapital soll eingesammelt werden? Wie viel Zinsen ist das Unternehmen bereit zu zahlen? Wie wird die Wahrscheinlichkeit, dass es insolvent geht und die Anleihe nicht zurückzahlen kann, von unabhängigen Instituten eingeschätzt? Neben diesen mehr oder weniger vom Unternehmen selbst verantworteten Kriterien spielt allerdings das richtige Timing einer Anleihe eine mindestens so wichtige Rolle wie etwa die Auswahl der richtigen Partner (Emissionsbegleiter, Kommunikationsagentur, Börsenplatz). Es hat sich gezeigt, dass die Fenster für Mittelstandsanleihen auf dem Kapitalmarkt nur jeweils kurze Zeit offen stehen und genutzt werden müssen. Das führt zu einer teilweise intensiven Konkurrenzsituation, in der Auswahlkriterien wie etwa der Kupon letzten Endes kriegsentscheidend werden können.

2.1 Entwicklung einer Bond-Story

Ein wichtiges Kriterium für den Erfolg einer Mittelstandsanleihe ist die Entwicklung einer attraktiven Bond-Story, vergleichbar mit der Equity-Story im Rahmen eines Börsengangs. Eine wesentliche Rolle neben Branchenzugehörigkeit, Positionierung im Wettbewerb und den aktuellen Unternehmens- und Bilanzkennzahlen spielt dabei die beabsichtigte Mittelverwendung. Diese Bond-Story ist schließlich am Markt zu verkaufen. Institutionelle und private Anleger müssen davon überzeugt werden, in ein ganz bestimmtes Unternehmen und seine Zukunft zu investieren. Sicherlich haben bekannte Markenunternehmen hier einen Vorteil, andere müssen erst für Aufmerksamkeit sorgen.

M. Feiler, U. Kirstein, *Mittelstandsanleihen – ein Erfolgsmodell für alle Parteien,* essentials, DOI 10.1007/978-3-658-04526-5_2, © Springer Fachmedien Wiesbaden 2014

Kommunikativ für den Kapitalmarkt am besten vermittelbar sind zweifellos Finanzierungsziele wie Wachstumsfinanzierung, die Entwicklung neuer Geschäftsfelder, die Übernahme von Konkurrenten oder Zulieferern zur Erweiterung der Wertschöpfungskette oder die Expansion ins Ausland. Aber auch eine – zumindest mit Teilen der Anleihen – verfolgte Verbesserung der Liquiditätskennziffern und eine Ausweitung des Fälligkeitenprofils kann ein wichtiger und gerade von institutionellen Investoren nachvollziehbarer Grund sein. Denn während für Investoren bei Börsengängen die Wachstumsstory des Unternehmens große Bedeutung einnimmt, weil sie von den steigenden Kursen einer künftigen positiven Entwicklung profitieren wollen, suchen Anleihe-Investoren Solidität, damit die künftigen Zinszahlungen auch geleistet werden können.

2.2 Marke

Für die Emission einer Anleihe spielt der Bekanntheitsgrad eines Unternehmens eine wichtige Rolle. Bei institutionellen Investoren sind hier Unternehmen, die bereits auf dem Kapitalmarkt präsent sind, zweifellos im Vorteil. Bei Privatanlegern steht der Bekanntheitsgrad allem Augenschein nach an zentraler Stelle, oftmals noch vor dem Kupon und etwa der Ratingnote. Zu den erfolgreichsten Mittelstandsanleihen zählten so vor allem Marken mit Consumer-Produkten wie etwa Valensina (April 2011, 7,38 % Kupon, 50 Mio. €, nach zweieinhalb Stunden bereits fünffach überzeichnet), aber auch Seidensticker, Schneekoppe, Underberg oder Katjes und Bastei Lübbe. Sowohl was die Platzierung als auch die Performance im Handel betrifft, sind in der breiten Masse gut bekannte Unternehmen – sogenannte household names – erfolgreicher als andere Firmen[1].

Dass das aber nicht zwangsweise so sein muss, beweisen sehr erfolgreiche Anleiheemissionen wie etwa Golden Gate (Immobilien), die zeitgleich mit Valensina im April 2011 bei einem Volumen von 30 Mio. € und mit einem Kupon von „nur" 6,50 % trotzdem überzeichnet war. Allerdings konnte Golden Gate als einer der wenigen Emittenten auch auf ein Anleihenrating durch Creditreform zurückgreifen, das die Anleihe mit BBB sogar besser bewertete als das Unternehmen (BB). Der Grund für diese hohe Bewertung der Anleihe lag in der Tatsache, dass sie durch

---

[1] Vgl. Fuerpass jr, H.: Der österreichische Corporate Bond-Markt, in: Bond Yearbook 2011/12, Wolfratshausen 2011, S. 73, der sich dabei ausdrücklich auf Deutschland und Österreich bezog.

eine Immobilie besichert war – was gerade bei den institutionell geprägten Anlegern auf Interesse gestoßen sein dürfte. Gleichzeitig hatte Golden Gate auf jegliche Marketingmaßnahmen rund um die Anleihe verzichtet. Auch der einer breiten Öffentlichkeit eher unbekannte Metall-Recycler Scholz konnte seine Anleihe in Höhe von 150 Mio. € bereits am ersten Tag der Zeichnung voll platzieren, hier war allerdings ein Zins von 8,50 % versprochen. Die schwierige Situation des Unternehmens rechtfertigte im Nachhinein allerdings diesen hohen Kupon.

2.3 Emissionsvolumen

Die Bestimmung des Emissionsvolumens ist von einer ganzen Reihe von Kriterien abhängig. Zum einen spielt selbstverständlich der Finanzierungsbedarf eine wesentliche Rolle, allerdings gibt es im Unterschied zum Bankkredit, der sich möglichst exakt am tatsächlichen Investitionsbedarf orientiert, hier noch weitere Faktoren, die berücksichtigt werden müssen. So bauen vorsichtige Emittenten im Anleihevolumen einen „Sicherheitspuffer" ein. Sollte das in den Anleihebedingungen vorgesehene maximale Anleihevolumen („bis zu") nicht erzielt werden, so muss der Finanzierungszweck dennoch erreicht werden können. Das heißt auch, dass nicht jedes Unternehmen tatsächlich auf den Zufluss des gesamten Nominalvolumens angewiesen ist, ein Umstand, der auch für die sogenannte „Nachplatzierung" von Bedeutung ist.

Viele Börsen verlangen für ihre Anleihesegmente ein gewisses Mindestvolumen einer Emission. Die Bandbreite beträgt dabei 10 bis 25 Mio. € beziehungsweise 100 Mio. € bei Berücksichtigung des Prime Standards der Börse Frankfurt. Hintergrund ist neben einer schlichten Kosten-Nutzen-Rechnung die spätere Handelbarkeit der Anleihe. Bei allzu geringen Emissionsvolumina kann die Gewährleistung eines ordnungsgemäßen Börsenhandels problematisch werden. Die schlichte Faustregel lautet also, je höher das Emissionsvolumen, desto höher die After-Market-Liquidität[2].

Gerade die größeren Investoren benötigen eine rege Handelstätigkeit, um sich jederzeit von Investments trennen, aber auch um eine laufende und aktuelle Bewertung vornehmen zu können und um Klumpenrisiken zu vermeiden. Allerdings scheint hier Bewegung in den Markt gekommen zu sein und es gibt die Beobachtung aus der Praxis, dass das Verhältnis von Emissionsvolumen zu Handelbarkeit

---

[2] Vgl. Meinerzag, R.: Wer zeichnet Mittelstandsanleihen? In: Bond Yearbook 2011/12, Wolfratshausen 2011, S. 35.

keinesfalls so eng ist wie angenommen[3]. Institutionelle Investoren entscheiden sich, „bei solide strukturierten Mittelstandsanleihen mit attraktiven Konditionen und Zinskupons auch gerne für eine Hold-to-Maturity-Strategie und legen deshalb keinen Wert auf einen regen Sekundärmarkt"[4].

So wurden inzwischen verstärkt auch kleinere Emissionen mit gewissem Erfolg begeben. Auch das Feld der institutionellen Investoren ist breit aufgefächert und hier gibt es durchaus kleinere Family Offices oder Stiftungen, für die auch Emissionen mit einem geringeren Volumen eine interessante Alternative darstellen können, ihre Rendite aufzubessern. Meist halten diese, ähnlich wie Privatanleger, das Investment bis zum Fälligkeitsende. Das könnte zur Folge haben, dass es in Zukunft verstärkt auch zu Emissionen unterhalb der „magischen" 25 Millionen-Schwelle kommt. Bisher mussten Unternehmen auch bei geringerem Kapitalbedarf entweder ihre Emission in verschiedene Tranchen unterteilen oder bewusst mehr Kapital aufnehmen, als sie gemäß Mittelverwendungsplan eigentlich benötigten.

Ein dritter Aspekt bei der Bestimmung des Emissionsvolumens sind die Fundamentaldaten des Unternehmens: Wie verändert sich das Verhältnis von Eigen- zu Fremdkapital, wie hoch ist das begebene Emissionsvolumen in Relation zur Bilanzsumme, welchen Anteil an den Umsatzerlösen bzw. am EBIT haben künftige Zinszahlungen etc. Da im Gegensatz zum Bankkredit all diese Relationen der Öffentlichkeit – Investoren, Analysten und Journalisten – bekannt gegeben werden, kann dies durchaus auch zu einem kritischen Echo führen und sich kontraproduktiv auf das erzielte Emissionsvolumen auswirken.

2.4 Kupon

Beim Kupon muss das Unternehmen den Spagat zwischen dem, was es zu zahlen bereit ist und was der Markt erwartet, finden. Die Markteinschätzung wechselt jedoch und was noch vor drei Monaten als ausreichend empfunden wurde, kann schnell zu wenig werden. Hier muss genau beobachtet werden, was der Markt verlangt und wie sich die „Konkurrenz" verhält. Die Kupons liegen (ohne Berücksichtigung des Prime Standards für Anleihen) überwiegend zwischen 6,5 und 8,5 %, die Range

---

[3] Der handelsaktivste Fonds an der Frankfurter Börse, so eine Auswertung aus dem Jahr 2011, war die mit nur einem Volumen von 15 Mio. € ausgewiesene Anleihe der SeniVita Sozial GmbH, so Meinerzag, R., Yearbook, a. a. O., S. 35.

[4] Meinerzag, R.: Liquider als gedacht?, in: GoingPublic Special „Anleihen 2012", S. 48.

reicht allerdings von 5,00 % (PCC III – mit einer Laufzeit von allerdings nur einem Jahr, aber mit 5,875 % liegt auch die HELMA Eigenheimbau mit ihrer bereits zweiten Anleihe im September 2013 auf sehr niedrigem Niveau) und 11,5 % (Air Berlin, allerdings bereits die dritte Anleihe der Fluglinie). Die laut Anleihen-Finder im Oktober 2013 insgesamt 191 Anleihen wiesen einen Durchschnitts-Kupon von 6,83 % auf.[5]

Die Erwartung an die Höhe der Kapitalverzinsung ist selbstverständlich ursächlich mit dem eingegangenen Risiko verbunden. Dieses zu analysieren hilft ein Rating, doch trotzdem besteht kein eindeutiger Zusammenhang zwischen den Ratingergebnissen und der Höhe des Zinssatzes. Aufgrund des hohen Anteils an Privatanlegern bei Mittelstandsanleihen spielen hier vor allem die Bekanntheit, die Marke und die bisherigen Erfahrungen mit dem Produkt/den Produkten des Emittenten eine herausragende Rolle für die Investitionsentscheidung.

Bei der Wahl des Kupons sollte sich der Emittent von seinem Emissionsbegleiter – an der Börse München beispielsweise zwingend über die gesamte Laufzeit der Anleihe vorgeschrieben – als Experten auf dem Kapitalmarkt beraten lassen. Hinweise bieten etwa die Renditeentwicklung von Mittelstandsanleihen (ablesbar beispielsweise beim bondm-Index der Börse Stuttgart) sowie vergleichbaren Corporate Bonds mit Non-Investmentgrade. Je höher hier die Renditen steigen, desto höher sind die Erwartungen des Kapitalmarktes an Neuemissionen.

2.5 Rating

Die Anforderungen an das Rating waren pro Börsenplatz sehr unterschiedlich. Sie reichten vom vollständigen Verzicht auf ein Rating (Hamburg-Hannover), zur Forderung nach einem Rating, egal welcher Ausprägung (Stuttgart und Frankfurt) bis hin zu einem Mindestrating, das im Segment m:access der Börse München mit BB + am strengsten gehandhabt wurde, während Düsseldorf BB einforderte. Sowohl München als auch Düsseldorf verzichten inzwischen auf ein bestimmtes Mindestrating. Da im Prozess der Anleihebegebung das exakte Ratingergebnis gewöhnlich lange nach der Wahl des Börsenplatzes erfolgte, führten die Mindestratings der beiden Börsen zu einem Ausschluss im Vorhinein von Unternehmen, deren Rating vielleicht sogar noch ausreichend gewesen wäre. Da – siehe unten

---

[5] Da es keine eindeutige Definition von „Mittelstandsanleihen" gibt, weist der Anleihen-Finder 191 Anleihen, der Bond-Guide beispielsweise „nur" 137 Anleihen auf, das Bond-Magazine als dritte auf Anleihen spezialisierte Publikation 101.

–auch ein eher vager Zusammenhang zwischen der tatsächlich verhängten Ratingnote und der späteren Insolvenz besteht und manchmal auch Folgeratings wesentlich schlechter ausfielen als das Erstrating, war der Schritt auf einen Verzicht des Mindestratings nur logisch. Am häufigsten wird derzeit ein Rating außerhalb des Investment Grades vergeben. Häufigster Rating-Geber ist die Creditreform. Allerdings wird ganz überwiegend ausschließlich das Unternehmen, und nicht die Anleihe im Einzelfall bewertet.

Unter den Ratingagenturen dominieren die auf den deutschen Mittelstand fokussierten Agenturen Creditreform und Euler Hermes, während die Agentur Scope nicht in Auftrag gegebene eigene Einschätzungen veröffentlichte, um sich für den Markt anzubieten. Die „großen Drei" S&P, Moody's und Fitch spielen aus verschiedenen Gründen im Bereich der Mittelstandsanleihen keine allzu große Rolle, auch wenn es immer wieder Überlegungen gibt, doch noch in dieses Marktsegment vorzustoßen. Jüngst signalisierte die Agentur Feri, sich auch im Markt der Mittelstandsanleihen beteiligen zu wollen. Es wird allerdings davon ausgegangen, dass die kleineren deutschen Agenturen im Schnitt ein besseres Rating erteilen als die großen angelsächsischen Pendants – allerdings gibt es bisher noch kein „Doppelrating" einer großen und einer kleinen Agentur zum direkten Vergleich. Welchen Stellenwert das Ratingergebnis hingegen bei den Privatanlegern einnimmt, ist nur schwer zu beurteilen. Wie sich die großen Investoren langfristig verhalten und ob sie Vertrauen zu den kleineren Ratingagenturen aufbauen, bleibt abzuwarten.

Es gibt keine 100 %ige Korrelation zwischen Ratingergebnis und Kupon, weil dieser von einer Reihe anderer interner und externer Faktoren abhängt. So kommt es immer wieder dazu, dass zwei gleichzeitig laufende Anleihen mit dem gleichen Rating unterschiedliche Zinssätze aufweisen. Die Spreizung liegt dabei oftmals bei mehr als drei Prozentpunkten – ein bei gleichem Rating doch erstaunlich hoher und bei anderen Anlageprodukten nicht auftretender Unterschied.

Die Bedeutung des Ratings für das Unternehmen selbst ist jedoch gar nicht hoch genug zu veranschlagen, bietet es doch auch für das eigene Management aussagekräftige Informationen von dritter Hand und kann etwaige interne Risikofaktoren identifizieren. Selbstverständlich bildet die Rating-Note einen wichtigen Bestandteil in der Unternehmenskommunikation gegenüber Kunden, Lieferanten und potenziellen Geldgebern. Nicht zuletzt kann das Rating auch eine Basis für attraktivere Kreditkonditionen mit Banken darstellen[6].

---

[6] Vgl. Munsch, M.: Aufgabe und Wirkung von Ratings mittelständischer Unternehmen und ihrer Anleihen, in: Bösl, K. Hasler, P.T. (Hrsg.): Mittelstandsanleihen. Ein Leitfaden für die Praxis, Wiesbaden 2012, S. 79f.

2.6 Covenants

In der Regel wenig Beachtung findet das in den Anleihebedingungen enthaltene „Kleingedruckte". Gerade Privatanleger wenden sich dem eigentlichen Wertpapierprospekt nur selten ausführlich zu und konzentrieren sich meist auf ein beigegebenes „Factsheet". Tatsächlich verfügten die meisten Mittelstandsanleihen zu Beginn im Gegensatz zu klassischen High Yield Anleihen kaum über Schutzklauseln (Covenants) für die Investoren, allerdings scheint hier langsam ein Umdenken der Unternehmen – sicherlich nicht zuletzt durch die begleitenden Emissionsberater angestoßen – einzutreten.

Die wichtigste Covenant-Regelung ist eine Kontrollwechselklausel (Change of Control), die dann eintritt, wenn sich die Besitzverhältnisse des Unternehmens grundlegend ändern. Das tritt ein, wenn ein Dritter plötzlich beherrschenden Einfluss auf das Geschehen erhält. Bei einer Kontrollwechselklausel wird dem Gläubiger in diesem Fall ein Kündigungsrecht eingeräumt, er erhält die Anleihe zurückbezahlt (Fälligstellung).

Eine weitere übliche Klausel ist die Negativerklärung, die besagt, dass der Kreditnehmer künftig keinen Gläubigern Kreditsicherheiten gewährt, die er nicht oder mit gleichwertigem Ersatz auch den Gläubigern der Anleihe gibt.

Die Drittverzugsklausel besagt, dass der Anleihegläubiger kündigen darf, wenn der Emittent Dritten gegenüber in Verzug geraten ist. Denn dann ist davon auszugehen, dass er auch die Anleihe nicht bedienen kann. Ob er dann allerdings in der Lage sein wird, die Anleihe vorzeitig zurückzuzahlen, steht auf einem anderen Blatt.

Die europäischen Staatsmänner machen es vor: Die Vereinbarung einer Verschuldungsgrenze auch bei Anleiheemittenten ist möglich. So soll eine mögliche Überschuldung verhindert werden. Des Weiteren kann zum Beispiel eine Verkaufsgrenze für Assets eingebaut werden, damit der Emittent nicht sein Tafelsilber verscherbelt.

Nachdem in der Anfangseuphorie der Mittelstandsanleihen kaum Covenants ausgewiesen wurden, können diese inzwischen auch gezielt als ein Teil der Platzierungsstrategie eingesetzt werden. Denn viele Mittelstandsanleihen sind, was ihr Rating und den Kupon betrifft, noch am ehesten mit High-Yield-Bonds zu vergleichen, bei deren Ausgestaltung Covenants Standard sind.[7] Für institutionelle Investoren stellt ein stringentes Covenants-Korsett sogar eine Voraussetzung dafür dar, dass der betreffende Emittent einer Fundamentalanalyse unterzogen wird und

---

[7] Vgl. Kuthe, T und Zipperle, M.: Investorenschutz und Convenants, in: Bond Yearbook 2011/12, Wolfratshausen 2011, S. 82f.

damit überhaupt die Chance auf Fremdmittel erhält.[8] Es ist aber davon auszugehen, dass der Anteil institutioneller Investoren, die auf der Suche nach renditeträchtigen Anlagemöglichkeiten sind, eher zu als abnehmen wird. Für diese bilden die entsprechenden Covenants ein bedeutendes Auswahlkriterium und werden so immer mehr mitentscheidend für eine erfolgreiche Platzierung.

---

[8] Vgl. Walchshofer, M.: Die Bedeutung von Convenants von Mittelstandsanleihen aus Sicht institutioneller Investoren, in: Bösl, K. Hasler, P.T. (Hrsg.): Mittelstandsanleihen. Ein Leitfaden für die Praxis, Wiesbaden 2012, S. 57.

Die Platzierung der Mittelstandsanleihe   3

3.1 Kommunikative und werbliche Vorbereitungsphase

Wie bereits angeführt, müssen die kommunikativen und werblichen Maßnahmen bei Unternehmen ohne bekannten Markennamen deutlich intensiver betrieben werden. Problematisch ist hier jedoch, dass die genaueren Konditionen von Anleihen sich oftmals erst relativ kurzfristig ergeben und gerade die Prospekterstellung und -genehmigung durch die BaFin zeitintensiv und nicht exakt planbar ist. Zum Teil sind die endgültigen Konditionen der Anleihe, wie auch der Kupon, wesentlich der jeweiligen Marktlage geschuldet. Das heißt, es muss in einer ersten Phase mit kommunikativen und werblichen Maßnahmen begonnen werden, die ausschließlich darauf abzielen, das Unternehmen bei den potenziellen Investoren bekannter zu machen und Vertrauen zu schaffen. Voraussetzung für Vertrauen ist Transparenz.

Inzwischen bieten die einzelnen Börsenplätze jeweils ganz unterschiedliche Marketing-Pakete rund um die Anleiheemission an. Insgesamt kann festgestellt werden, dass der Marketing- und Kommunikationsaufwand mit steigendem Bekanntheitsgrad und Kapitalmarkt-Standing zurückgeht beziehungsweise stark steigt, wenn es sich um ein No-Name-Unternehmen handelt.

Voraussetzung für eine erfolgreiche Platzierung ist eine ansprechende „Bond-Story", analog zu einer Equity-Story bei einem Börsengang. Während der Bekanntheitsgrad durch werbliche Maßnahmen gesteigert werden kann, die meist auch über die zeitlich eng gebundene Anleihe auf das Geschäftsmodell (Image) einzahlen, muss die Pressearbeit versuchen, Aufmerksamkeit auch der Fachwelt auf sich zu ziehen. Für viele Unternehmen, die noch nicht börsennotiert sind, bedeutet die Begebung einer Anleihe einen völlig neuen Schritt in die Öffentlichkeit. Das Management muss auch auf kritische Reaktionen vorbereitet sein, die Pressestelle ebenso. Denn das Thema Mittelstandsanleihen im Allgemeinen stieß zwar über die

M. Feiler, U. Kirstein, *Mittelstandsanleihen – ein Erfolgsmodell für alle Parteien,*   17
essentials, DOI 10.1007/978-3-658-04526-5_3, © Springer Fachmedien Wiesbaden 2014

ausgewiesenen Fachmedien hinaus auf breites Medieninteresse, wurde aber von Anfang an durchaus auch kritisch beleuchtet. Die Überschriften reichten – um eine eher willkürliche Auswahl zu treffen – von „Mittelstandsanleihen: spätere Pleiten nicht ausgeschlossen" (VDI nachrichten Nr. 21, 25. Mai 2012, S. 15) über „Gier frisst Verstand" (FTD 4. April 2011, S. 21) bis zu „Rausch mit Ramsch" (Börse Online 17, 20.4.–28.4.2011, S. 16) oder – aus jüngster Zeit – „Das Glücksspiel mit den Mittelstandsanleihen" (Die Welt, 22.06.2013).

Hier können gerade die Börsen mit ihrem insgesamt positiven Standing bei der jeweiligen Presse einen wichtigen Beitrag leisten, um die Emissionen aktiv zu begleiten. Zusätzlich sollten aber gerade noch nicht kapitalmarkterprobte Unternehmen die Unterstützung ausgewiesener Kommunikationsexperten beiziehen. Klar muss aber allen Beteiligten sein, dass nicht die Presseberichterstattung über das Wohl und Wehe einer Anleiheemission entscheidet. Aber je volatiler die Märkte und je größer die Konkurrenz ist, desto höher ist eine positive Presse einzuschätzen.[1]

3.2 Ansprache von institutionellen Investoren

Gerade bei der Ansprache der institutionellen Investoren spielt die Wahl der begleitenden Bank eine wesentliche Rolle. Der Begriff des institutionellen Investors ist im Bereich der Mittelstandsanleihen jedoch mit einer gewissen Einschränkung zu verstehen. Während die großen Versicherungen und Pensionskassen in diesem Markt (noch) keine Rolle spielen, sind kleinere institutionelle Käufer wie Vermögensverwalter, Family Offices, Stiftungen und zuletzt auch Spezialfonds sehr aktiv. „Die Platzierungskraft der begleitenden Bank ist aus unserer Sicht maßgeblich für den Platzierungserfolg", so Michael Nelles von der Close Brothers Seydler Bank AG im Interview[2]. Tatsächlich wird bei den meisten größeren und erfolgreichen Anleihen ein überwiegender Anteil von institutionellen Investoren gezeichnet, die von der begleitenden Bank aktiv angesprochen werden.

---

[1] Vgl. Ostermair, F.: Pressearbeit als zentraler Baustein einer Anleihevermarktung, in: Bösl, K. Hasler, P.T. (Hrsg.): Mittelstandsanleihen. Ein Leitfaden für die Praxis, Wiesbaden 2012, S. 133 ff.

[2] „Ohne die Bereiche erneuerbare Energien und Luftfahrt notieren Mittelstandsanleihen über 100 %", Interview mit René Parmantier und Michael Nelles, in: Bond Yearbook 2011/12, Wolfratshausen 2011, S. 32.

3.3 Überzeichnung, Vollplatzierung oder Teilplatzierung

Während und nach dem Ende der Zeichnungsfrist gibt es drei Möglichkeiten: Bei Überzeichnung wird die Zeichnung vorzeitig geschlossen. Typische Beispiele sind die bereits angesprochenen Valensina- oder Scholz-Anleihen. Eine Vollplatzierung kann jedoch auch, etwa in Abhängigkeit zum Zuteilungsmechanismus, erst zu Ende der Zeichnungsfrist angestrebt werden. Und drittens schließlich kann es sein, dass der Anleiheemittent weniger Kapital einsammeln konnte als vorgesehen und von ihm erwünscht. Diese Form der Teilplatzierung dürfte in Zukunft, bei anhaltend unsicheren Märkten und stetig steigender Anzahl von gerade auch kleineren Neuemissionen, zunehmen. Derzeit sind etwa die Hälfte aller Mittelstandsanleihen nicht voll platziert worden.

Von den (Stand Oktober 2013) im BondGuide geführten 137 notierten Mittelstandsanleihen über alle Börsenplätze hinweg waren 51 nicht ausplatziert; bei neun von diesen erfolgt(e) eine Nachplatzierung[3]. Nach einer Studie von Capmarcon Capital[4] wurden zwischen März 2010 und Mai 2013 insgesamt 85 Mittelstandsanleihen von 75 Unternehmen emittiert, die 4,34 Mrd. € platzieren wollten. Erhalten über den Kapitalmarkt haben sie aber nur 3,36 Mrd. €, damit eine Quote von 79 %. Was bedeutet dies für die Emittenten?

Problematisch ist sicherlich die Kommunikation einer nicht voll platzierten Anleihe, weil als Erfolgsvorgabe eine möglichst hohe und rasch erfolgte Überzeichnung gilt. „Anleihe nach wenigen Stunden vorzeitig geschlossen" wünscht sich jeder Emittent als potenzielle Überschrift seiner Presseerklärung zur erfolgreichen Platzierung. Potenzielle Investoren wie auch tatsächliche Anleger in die betreffende Anleihe werden verunsichert, wenn sie erfahren, dass eine Anleihe nicht voll platziert ist. Aus diesem Grund wird oftmals die Höhe des tatsächlich erreichten Anleihevolumens verschwiegen, wenigstens so lange potenziell noch nachplatziert werden kann und der Wertpapierprospekt gilt – also ein Jahr. Da die Börsen nur Kenntnis über das tatsächlich über ihr Zeichnungstool gelaufene Volumen besitzen, können sie auch nicht zu mehr Transparenz beitragen – schon gar nicht gegen den Willen des Emittenten. Der muss das Volumen allerdings spätestens in der Bilanz benennen, doch außer institutionelle Anleger dürfte das kaum jemand registrieren.

Bleibt die Frage, ob sich eine nicht voll platzierte Anleihe beim späteren Handel an der Börse auswirkt und damit tatsächlich „Nachteile für den Anleger" inkludiert.

---

[3] Vgl. BondGuide. www.bondguide.de/notierte-mittelstandsanleihen.

[4] Capmarcon Capital Spezial Nr. 4 Mittelstandsanleihen 2012: Der Markt für Mittelstandsanleihen – mehr Schatten als Sonne, Juni 2013.

Je weniger Volumen platziert ist, desto schwieriger ist ein späterer Handel und desto volatiler sind die Kurse, so die Unterstellung[5]. Wirklich mit Zahlen belegen lässt sich diese Einschätzung aber kaum, die Durchschnittskurse der platzierten Anleihen liegen nicht weit entfernt von denen der nicht voll platzierten Anleihen. Im Oktober 2013 lag bei den nach BondGuide 86 voll platzierten Mittelstandsanleihen der Durchschnittskurs sogar mit 96,52 € leicht unter den 51 nicht voll platzierten, die bei 98,14 € notierten. Wobei unter den neun Anleihen, die zum Teil deutlich unter 50 € notieren, weil es zu Zahlungsverzögerungen und Insolvenzen kam, fünf nicht voll und vier voll platziert waren. Bezeichnend ist vielleicht, dass von den 86 voll platzierten Werten immerhin 55 über oder gleich 100 % bewertet sind, von den 51 nicht voll platzierten aber nur 20[6].

Das Problem von kleineren Mittelstandsanleihen ist das meist völlige Fehlen von großen Investoren mit großen Investitionsvolumen. Bei Anleihen mit höheren Volumina zeichnen die Institutionellen jedoch in der Regel etwa 80 Prozent, den Rest teilen sich Family Offices und Privatanleger – so wenigstens Schätzungen des sehr aktiven Begleiters vieler Mittelstandsanleihen, der Close Brothers Seydler Bank.[7] Damit wird es für diese kleineren Emissionen schwierig, rein über private Investoren mit ihren oftmals nur geringen Ordervolumen den erwarteten Emissionserlös zu erzielen.

---

[5] Vgl. „Die wahre Nachfrage bleibt geheim", in: Handelsblatt Nr. 234, 02/03.12.2011, S. 50 f.

[6] Eigene Berechnungen nach www.bondguide.de/notierte-mittelstandsanleihen.

[7] Vgl.: „Fenster für Mittelstandsanleihen öffnet sich", in: Börsen-Zeitung 163, 25.08.2011, S. 4.

Das Modell der Börse München 4

4.1 m:access und m:access bonds

Die Börse München hatte als erste Börse bereits im April 2005 die Weichen für ein eigenes Mittelstandssegment gestellt, das im Juli 2005 mit acht Emittenten gestartet ist. Inzwischen sind hier rd. fünfzig Unternehmen mit einer Marktkapitalisierung von etwa 2,5 Mrd. € aus ganz unterschiedlichen Branchen und mit einem Umsatzvolumen von hohen ein- bis dreistelligen Millionenbeträgen gelistet. Ein knappes halbes Jahr später folgte damals die Börse Frankfurt mit dem Entry Standard. Demzufolge verfügt die Börse München über ein langjähriges Knowhow im Umgang mit mittelständischen Unternehmen, die ihre Eigenkapitalbasis über die Börse stärkten. Im Zuge des Entstehens einer starken Nachfrage auch nach Fremdkapital seitens mittelständischer Unternehmen öffnete die Börse München m:access bereits 2011 für bonds. Da sich jedoch herausstellte, dass in der Platzierung der Mittelstandsanleihen die Emission direkt über die Börse von großer Bedeutung ist, erweiterte die Börse München ihr Handelssystems Max-One und bietet deshalb jetzt auch eine eigene Zeichnungsfunktionalität an.

Ähnlich wie bei m:access sind die Voraussetzungen für Anleihen in m:access bonds für die Unternehmen überschaubar und sorgen trotzdem zu Gunsten der Anleger für ein hohes Maß an Sicherheit und Transparenz (Abb. 4.1).

Die Voraussetzungen für eine Emission in m:access bonds in Kürze:

- Die Bestellung eines Emissionsexperten
- Drei Jahre Bestehen des Unternehmens
- Mindestvolumen von 10 Mio. €
- Mindeststückelung von maximal 1.000 €
- Veröffentlichte Anleihebedingungen

M. Feiler, U. Kirstein, *Mittelstandsanleihen – ein Erfolgsmodell für alle Parteien,* 21
essentials, DOI 10.1007/978-3-658-04526-5_4, © Springer Fachmedien Wiesbaden 2014

<table>
<tr><td>

m:access

- Segment für Aktien

- Zulassungs- und Zulassungsfolgepflichten sind auf die speziellen Bedürfnisse mittelständischer Unternehmen abgestimmt

</td><td>

m:access bonds

- Eigenes Untersegment für Unternehmensanleihen

- Zulassungs- und Zulassungsfolgepflichten sind auf die Besonderheiten von Anleihen abgestimmt

</td></tr>
</table>

m:access als Plattform für eine umfassende Unternehmensfinanzierung

Abb. 4.1 m:access und m:access bonds, Grafik Börse München

- Ein von der Bundesanstalt für Finanzdienstleistungsaufsicht (BaFin) gebilligter Prospekt, veröffentlicht auf der Webseite
- Unternehmensrating (Emittentenrating) und/oder Anleihenrating beauftragt und veröffentlicht

Über das Zeichnungstool der Börse München wurden so unterschiedliche Anleihen abgewickelt wie die Bio Energie Taufkirchen und die posterXXL-Anleihe. Die eher in der unmittelbaren Region bekannte Bio Energie Taufkirchen mit einem Volumen von 15 Mio. € und einem Kupon von 6,5 % war bereits nach wenigen Tagen voll platziert – allerdings verfügte sie über eine Ratingnote A von der Agentur Scope. Die Anleihe des bekannten Fotodienstleisters posterXXL wies dagegen mit einem gleich hohen Emissionsvolumen von 15 Mio. € einen Kupon von 7,25 % auf und wurde während der stückzinsfreien Zeichnungsphase nur teilplatziert. Hier war das Rating von Creditreform bei BBB- gelegen.

Die Folgepflichten eines Unternehmens in m:access bonds sind:

- Beibehaltung des Emissionsexperten über die gesamte Laufzeit
- Einmal jährlich ein Folgerating auf der Webseite zu veröffentlichen

- Alle den Börsenpreis möglicherweise beeinflussenden Sachverhalte über eine zur Verbreitung von Unternehmensinformationen anerkannte Agentur zu veröffentlichen
- Die Kernaussagen des geprüften Jahresabschlusses (Einzel- und Konzernabschluss) öffentlich bekannt zu geben
- Einen Unternehmenskalender auf der Webseite bekannt zu machen
- Jährlich an einer Analystenkonferenz teilzunehmen

4.2   Das Marketing- und Kommunikations-Angebot der Börse München

Das Marketingkonzept der Börse München richtet sich ganz nach den Bedürfnissen des Emittenten und kann modular aufgebaut werden. Basis für eine Emission über die Börse München ist die Nutzung der Zeichnungsfunktionalität des börslichen Handelssystems (das sog. Zeichnungstool), sowie eine jeweils während der Dauer der Zeichnungsfrist eingerichtete Kampagnenseite von der Börse München. Diese Kampagnenseite wird in enger Abstimmung mit dem Emittenten, dem Emissionsbegleiter und der jeweiligen Kommunikationsagentur erstellt und umfasst alle wesentlichen Informationen zum Unternehmen und der Anleihe. Prospekt, Factsheet und Ratingergebnis werden selbstverständlich per Download bereitgehalten. Bei der Anleihe der posterXXL betreute die Börse München beispielsweise noch einen eigenen Image-Film zu Unternehmen und Anleihe, der auf die Kampagnenseite gestellt wurde, aber auch vom Unternehmen zur Eigenemission auf der eigenen Webseite präsentiert wurde. Bei jeder Anleihe wird aber für die jeweilige Kampagnenseite ein Interview mit dem Emittenten als Video geführt und eingestellt, damit sich die Investoren ein unmittelbares Bild von den Personen hinter dem Unternehmen machen können.

Zusätzlich stellt die Börse München alle ihre Kommunikationskanäle soweit wie möglich in den Dienst der Aufklärung und Information über die Anleihe – zum Beispiel im Kundenmagazin Südseiten beziehungsweise in der Onlineversion des Webmagazins www.suedseiten.de oder im Newsletter der Börse. Soweit wie möglich werden Anleihe-Emittenten bereits während der Zeichnungsphase zu den regelmäßig stattfindenden und von der Börse München organisierten m:access-Analystenkonferenzen zugeladen, wo sie sich Analysten wie Journalisten und Investoren präsentieren können. Die Präsentation auf einer solchen Analystenkonferenz ist Voraussetzung für die Notiz einer Anleihe in m:access bonds und muss über die gesamte Laufzeit jährlich abgehalten werden. Gerade für noch nicht kapitalmarkterfahrene Unternehmen ist dies eine ideale Chance, sich jährlich den Investoren vorzustellen und ihnen im direkten Kontakt Rede und Antwort zu stehen.

Die Pressestelle der Börse München begleitet die Anleihe in der Regel mit Pressemitteilungen zum Beginn der Zeichnungsfrist und zum Beginn der Notizaufnahme jeweils in enger Abstimmung mit dem Unternehmen und seiner Kommunikationsagentur. Selbstverständlich stehen die Räume der Börse München im Zentrum Münchens für Pressekonferenzen und Gespräche bereit.

Zu den weiteren Marketing-Maßnahmen zählt eine direkte Ansprache der wichtigsten Bankkontakte (Sparkassen und Genossenschaftsbanken, Privatbanken sowie Direktbanken).

Nach dem Ende der Zeichnungsfrist findet der Handel an der Börse München statt. Alle in m:access bonds notierten Emittenten werden auf der Website der Börse München gesondert aufgelistet.

4.3   Die Zeichnungsfunktionalität der Börse München

Ein Anleiheemittent kann seine Anleihe über drei Wege platzieren: Als Eigenemission zum Beispiel auf seiner Webseite, per Fremdemission über eine Bank oder als Eigenemission über eine Börse. Die meisten typischen Mittelstandsanleihen werden in einer Kombination aus allen drei Wegen an die Investoren gebracht.

Damit Anleihen über die Börse gezeichnet werden können, wurden eigene Zeichnungsfunktionalitäten – oder auch Zeichnungstools – geschaffen. Wie der Weg dabei über die Börse München funktioniert, zeigt das folgende Schaubild (Abb. 4.2):

Wichtig für den Investor – insbesondere den Privatanleger – ist, dass die Zeichnung einer Anleihe bei ihm genauso abläuft wie der Kauf eines Wertpapieres. Er kann über seine Bank jederzeit mit Angabe der Wertpapierkennnummer bei der Börse München ordern, solange die Anleihe nicht überzeichnet ist oder eine solche Überzeichnung droht. Hier werden die letzten Interessenten dann nur noch teilweise bedient.

Bayerische Börse AG

stellt Zeichnungsfunktionalität zur Verfügung und

überwacht das MAX-ONE Orderbuch

Emissionsexperte (Antragsteller)	**Orderbuchmanager** (Skontroführer)	**Zahlstelle** (Marktteilnehmer)

➢ beantragt
  • die Einbeziehung in m:access bonds und
  • gleichzeitig Nutzung der Zeichnungsfunktionalität
 	
➢ vereinbart mit der BBAG vertraglich die Nutzung der Zeichnungsfunktionalität
	➢ wird vom Antragsteller im Einbeziehungsantrag benannt
	
	➢ führt das Orderbuch in der Zeichnungsphase und ist für die operative Durchführung der Zeichnung verantwortlich
	
	➢ fungiert als Skontroführer ab Aufnahme des Handels nach Beendigung der Zeichnungsphase
		➢ wird vom Antragsteller bestimmt
		
		➢ ist verantwortlich für den physischen Bestand des Wertpapiers in der Primärvaluta
		
		➢ veräußert die Wertpapiere im eigenen Namen auf Rechnung des Emittenten

Aufträge

Marktteilnehmer der Börse München

➢ hat einen MAX-ONE-Zugang (Direktanbindung oder über XONTRO)

➢ erteilen Zeichnungsaufträge in eigenem Namen für eigene oder fremde Rechnung

Abb. 4.2 Die Zeichnungsfunktionalität der Börse München, Börse München

4.4 Kapitalmarkterfahrung als Vorbereitung für die Börse

Die Börse München sieht einen besonderen Vorteil in der engen Verbindung von m:access und m:access bonds. Das Begeben einer Anleihe erfordert von den Emittenten eine hohe Bereitschaft, sich mit den Erfordernissen und Bedürfnissen des Kapitalmarktes und der Investoren auseinander zu setzen. Gelingt das gut und hat das Unternehmen gleichzeitig gelernt, sich optimal zu präsentieren und Expertise in Sachen Investor Relations aufgebaut, erleichtert dies einen späteren Börsengang wesentlich. Um eine nachhaltig bessere Ausstattung der Unternehmen mit Eigenkapital zu erzielen, ist ein Börsengang natürlich der Königsweg. Durch Mittelstandsanleihen können Emittenten erste Erfahrungen sammeln, die für einen späteren IPO wichtig sind, den IBO als eine Art Testlauf für den IPO verwenden.

Wie entwickeln sich Anleihen an den Börsen – eine Bestandsaufnahme   5

5.1 Handel von Corporate Bonds

Corporate Bonds richten sich aufgrund ihrer Höhe und Ausgestaltung ausschließlich an institutionelle Investoren. Diese handeln sie überwiegend untereinander, so dass geschätzt 90 % des Handels mit Corporate Bonds OTC, also außerhalb der Börsen, stattfinden. Zu den großen Playern im Anleihenhandel in Europa zählen denn auch die großen Investmentbanken, neben der Deutschen Bank sind dies HSBC, Barclays, JP Morgan Chase und BNP Paribas.

Allerdings dürfte in den nächsten Jahren die Anzahl an Corporate Bonds stark steigen. Während sich in den USA etwa 70 % der Unternehmen über Corporate Bonds und nur 30 % über Bankkredite finanzieren, ist es in Deutschland noch immer genau umgekehrt. Auch unter den größeren Emissionen finden sich vermehrt kleinere Stückelungen, um Retail Anleger als potenzielle Investoren ansprechen zu können.

Branchenkenner erwarten, dass in naher Zukunft auch beim Anleihehandel automatisierte Computerprogramme (Hochfrequenzhandel) die Vorherrschaft übernehmen werden, wie bereits im Aktienhandel geschehen. Derzeit sind die Gewinnmargen im Anleihehandel deutlich höher als beim Handel mit Aktien, was diesen Prozess noch beschleunigen dürfte.

Die Frankfurter Börse hat in diesem Jahr den sog. „Prime Standard" für Anleihen geschaffen, in welchen ausschließlich Anleihen im Volumen von mindestens 100 Mio. € notiert sein können. Es handelt sich dabei um professionell per Fremdemission an überwiegend institutionelle Anleger begebene Anleihen. Der Markt für solche typischen Corporate Bonds bewegt sich in Deutschland bei etwa 50 Mrd. €, davon etwa zwei Drittel mit Investment-Grade, das weitere Drittel als High-Yield-Anleihen. Letztere werden im Freiverkehr gehandelt. Auch bei diesen Anleihen spielen Privatanleger üblicherweise keine Rolle, der Handel findet fast ausschließ-

M. Feiler, U. Kirstein, *Mittelstandsanleihen – ein Erfolgsmodell für alle Parteien*, essentials, DOI 10.1007/978-3-658-04526-5_5, © Springer Fachmedien Wiesbaden 2014

lich OTC statt. Das neue Segment der Frankfurter Börse soll ausdrücklich dazu führen, dass mehr Handel von Anleihen transparent über die Börse stattfindet.

5.2 Handel von Mittelstandsanleihen

Aufgrund der inzwischen relativ hohen Anzahl an unterschiedlichen Mittelstandsanleihen können aus ihnen bereits erste Anlagestrategien und Musterdepots entwickelt werden, die sich aufgrund der überwiegend hohen Kupons relativ positiv entwickeln.

Der vierzehntägig erscheinende BondGuide etwa hat ein Musterdepot mit elf Anleihen aufliegen (Stand Oktober 2013). Im ersten Jahr – Start war Mitte August 2011 – verzeichnete das Musterdepot einen Zuwachs von immerhin 11,3 %, von August 2011 bis Oktober 2013 betrug die Steigerung immerhin 27,6 %. Gleich drei Musterdepots von unterschiedlichen Kapitalmarktexperten hat der Anleihen-Finder zusammengestellt. Hier sind zwischen drei und neun Anleihen vertreten, die eine Performance – mit Stand September 2013 – von 1,67, 3,54 und 24,21 % aufwiesen. Also auch bei Mittelstandsanleihen kommt es auf die richtige Auswahl an.

Ein wesentliches Kriterium bei der Anlage in Anleihen ist der jeweilige Einstiegskurs. Mit Stand Mitte August bewegten sich die Kurse immerhin zwischen 0,01 € (der insolventen SIAG Schaaf AG) und 126,65 € der RWE (Oktober 2013).

Die Börse Stuttgart veröffentlicht seit September 2011 den bondm-Index mit allen in bondm gelisteten Anleihen. Er bewegt sich zwischen 100,82 (Jahreshoch) und 89,42 (Jahrestief).

Gleich mehrere Indizes gibt die Deutsche Börse heraus mit dem XETRA Prime Standard Corporate Bond Price Index und dem XETRA Entry Standard Corporate Bond Price Index, beide gibt es auch als Total Return Indizes. Sie umfassen jeweils alle Anleihen der Segmente. Im Oktober 2013 notierte der Prime Standard Index knapp unter 100 %, der Entry Index bei etwa 94 %.

Die Online-Publikation Anleihen-Finder gibt seit Mitte März den MiBoX Performance Index heraus (Micro Bond Index). In ihm sind vierzig Mittelstandsanleihen von vier Börsen gelistet mit einem Anleihenvolumen von 2,175 Mrd. €. Er pendelte seitdem bei etwas mehr als 99 % (Höchstwert bei Ausgabe) und liegt mit Stand November 2013 bei etwa 96 %. Die Performance im Jahr 2011 lag bei − 3,67 %, 2012 kletterte sie auf + 3,10 %, 2013 sank sie wieder auf 0,64 % (bis Oktober).

Das Augsburger Analysehaus GBC gibt seit Juli 2013 den GBC MAX heraus. Er soll ein Qualitätsindex sein und will Standards setzen. So müssen die hinter den Anleihen stehenden Unternehmen mindestens ein Rating von BB- vorweisen, außerdem muss die Mindestrendite einen Mindestaufschlag von 150 Basispunkten auf die deutsche Umlaufrendite aufweisen. Mit Stand September 2013 lag die Mindestrendite deshalb bei 3,15 % – der Index umfasste zu diesem Zeitpunkt 50 Anleihen. Reguläre Anpassungen des Index finden monatlich statt, außerordentliche im Wochenrhythmus.

Die Close Brothers Seydler Bank AG hat die Entwicklung der Mittelstandsanleihen an den Börsen verfolgt. Sie kam zu dem Ergebnis, dass im Zeitraum Anfang April bis Anfang September 2011 der DAX mehr als ein Viertels seines Wertes verlor, der Mittelwert aller gelisteten Mittelstandsanleihen vergleichsweise aber nur von 101,2 % auf 97,1 zurückging[1]. Wobei hier vor allem branchenbedingte Sachverhalte für die Kursminderung verantwortlich seien – immerhin wiesen zu der Zeit Werte aus den Erneuerbaren Energien einen Anteil von 42 % auf.

Auch wenn der Handel von Mittelstandsanleihen für viele Anleger nicht an erster Stelle steht, so bewahrheitet sich im Großen und Ganzen doch, dass sich Anleihen relativ unabhängig von Aktienkursen entwickeln. So hat die Close Brothers Seydler Bank AG weiterhin nachgerechnet, dass Mittelstandsanleihen bereinigt um Erneuerbare Energien-Werte und Luftfahrt (im Speziellen die Air Berlin-Anleihen, die aufgrund spezifischer Probleme deutlich unter 100 % notieren) während des Werteverlustes im DAX eine Rendite von 3 % aufwiesen, einschließlich der Zinsen.

Inzwischen gibt es erste Mittelstandsanleihenfonds, wie etwa den Anfang Juli für institutionelle Investoren von der WGZ Bank aufgelegte WGZ-Mittelstands-Rentenfonds, betreut von dem Frankfurter Vermögensverwalter Johannes Führ Asset Management. Dieser hat bereits einen eigenen Mittelstandsfonds unter der Bezeichnung Johannes Führ Mittelstands-Rentenfonds mit einem Volumen von inzwischen immerhin 55 Mio. € ausgegeben. Daneben gibt es beispielsweise noch den German Mittelstand Fund der Wertpapierhandelsbank Steubing AG oder den BayernInvest Deutscher Mittelstandsanleihen ETF.

Gerade im noch jungen Feld der Mittelstandsanleihen kann ein Fonds hilfreich sein, der die generell hohe Verzinsung bündelt und das Risiko minimiert. Denn meist mischen die Fonds-Manager auch größere Emissionen mit kleineren. Mit der Zunahme weiterer Mittelstandsanleihen an den bisher bereits frequentierten Börsenplätzen wird die Neigung zum reinen Handel mit diesen Fonds zunehmen. Immer aber wird ein großer Teil der Anleger ihre Anleihen halten und auf Verzinsung samt Rückzahlung setzen.

---

[1] „Ohne die Bereiche erneuerbare Energien und Luftfahrt notieren Mittelstandsanleihen über 100 %", Interview mit Parmantier, R. und Nelles, M., in: Bond Yearbook 2011/12, Wolfratshausen 2011, S. 30–33.

Resümee 6

Die in der Überschrift formulierte These der Mittelstandsanleihe als Erfolgsmodell für alle Parteien dürfte sich weiter verfestigen. Die Bedarfslage auf Seiten der Unternehmen nach einer Verbreiterung der Finanzierungsbasis und rentierlichen Investitionsmöglichkeiten auf Investoren- und Anlegerseite bleibt unverändert. Zugleich wird der Markt reifen, Marktstandards werden sich verfestigen. Dazu gehört, dass auch Rückschläge verkraftet werden müssen, denn bei dem im Rating zu Ausdruck kommenden durchschnittlichen Risikoprofil ist der Zahlungsausfall eine statistische Größe. Daher ist auf beiden Seiten Realismus und unternehmerisches Bewusstsein gefragt. Deutschland als der größten Volkswirtschaft in der Europäischen Union würde die gewachsene Bedeutung der Kapitalmarktfinanzierung gerade auch für den Mittelstand gut zu Gesicht stehen.

M. Feiler et al., *Mittelstandsanleihen – ein Erfolgsmodell für alle Parteien* 31
essentials, DOI 10.1007/978-3-658-04526-5_6, © Springer Fachmedien Wiesbaden 2014

Literatur

1. Fuerpass jr, H.: Der österreichische Corporate Bond-Markt, in: Bond Yearbook 2011/12, Wolfratshausen 2011, S. 72–74
2. Gute Schulden, schlechte Schulden: Unternehmertum in unsicheren Zeiten. Hrsg. von der Commerzbank, durchgeführt von TNS Infratest, Frankfurt 2012
3. Kuthe, T. und Zipperle, M.: Investorenschutz und Convenants. Risikoreduktion für Anleger in Mittelstandsanleihen, in: Bond Yearbook 2011/12, Wolfratshausen 2011, S. 82–83
4. Lutz F (2011) Ausblicke auf die Unternehmensfinanzierung 2030, in: Südseiten 3/2011, S. 26–31
5. Meinerzag, R.: Wer zeichnet Mittelstandsanleihen? Ein Überblick über Investorengruppen und ihre Kriterien, in: Bond Yearbook 2011/12, Wolfratshausen 2011, S. 34–36
6. Meinerzag, R.: Liquider als gedacht?, in: GoingPublic Special „Anleihen 2012", S. 47–49
7. Mittelstandsanleihen – Eine echte Alternative? Eine Studie der FH Münster, der Börse Stuttgart und Deloitte, 2012.
8. Mittelstandsfinanzierung: Börse statt Bank. Eine gemeinsame Studie von *Deloitte und der FH* Münster, Dezember 2011.
9. Munsch, M.: Aufgabe und Wirkung von Ratings mittelständischer Unternehmen und ihrer Anleihen, in: Bösl, K. Hasler, P.T. (Hrsg.): Mittelstandsanleihen. Ein Leitfaden für die Praxis, Wiesbaden 2012, S. 67–80
10. Ostermair, F.: Pressearbeit als zentraler Baustein einer Anleihevermarktung, in: Bösl, K. Hasler, P.T. (Hrsg.): Mittelstandsanleihen. Ein Leitfaden für die Praxis, Wiesbaden 2012, S. 133–144
11. „Ohne die Bereiche erneuerbare Energien und Luftfahrt notieren Mittelstandsanleihen über 100 %", Interview mit René Parmantier und Michael Nelles, in: Bond Yearbook 2011/12, Wolfratshausen 2011, S. 30–33
12. Walchshofer, M.: Die Bedeutung von Convenants von Mittelstandsanleihen aus Sicht institutioneller Investoren, in: Bösl, K. Hasler, P.T. (Hrsg.): Mittelstandsanleihen. Ein Leitfaden für die Praxis, Wiesbaden 2012, S. 55–66

M. Feiler, U. Kirstein, *Mittelstandsanleihen – ein Erfolgsmodell für alle Parteien,*   33
essentials, DOI 10.1007/978-3-658-04526-5, © Springer Fachmedien Wiesbaden 2014